D0577774

sobre la
esperanza

Otros libros del Papa Francisco publicados por
Loyola Press en español

El Papa Francisco: vida y revolución

Querido Papa Francisco

sobre la esperanza

PAPA FRANCISCO

LOYOLAPRESS.
UN MINISTERIO JESUITA
Chicago

LOYOLAPRESS.
UN MINISTERIO JESUITA

3441 N. Ashland Avenue
Chicago, Illinois 60657
(800) 621-1008
www.loyolapress.com

Diseño de la portada: Loyola Press

ISBN: 978-0-8294-4649-4
Número de Control de Biblioteca del Congreso USA: 2017962526

Impreso en los Estados Unidos de América.
18 19 20 21 22 23 24 25 26 27 Bang 10 9 8 7 6 5 4 3 2 1

Índice

Nota del editor vii

Capítulo I: El consuelo de la esperanza 1

Capítulo II: Motivos para la esperanza 9

Capítulo III: La esperanza es un camino 15

Capítulo IV: Seguir esperando cuando no hay
ninguna esperanza... 23

Capítulo V: Lágrimas de esperanza 29

Capítulo VI: La realidad de la esperanza 35

Capítulo VII: Oración y esperanza 43

Capítulo VIII: El lenguaje de la esperanza............. 49

Capítulo IX: La esperanza cristiana es la espera de algo
que ya se ha cumplido.. 57

Capítulo X: El Espíritu Santo es el signo vivo de la
esperanza de Dios.. 65

Capítulo XI: La esperanza cristiana es sólida 71

Capítulo XII: El espíritu de nuestra esperanza 77

Capítulo XIII: La Cuaresma, un tiempo de esperanza 83

Capítulo XIV: Con la alegría de la esperanza........... 89

Fuentes.. 95

Nota del editor

En mi experiencia como editor he trabajado en libros escritos por dos santos modernos y he ayudado a encaminar la publicación de obras escritas por algunos de los escritores y maestros católicos más inspiradores de nuestro tiempo. Habiendo crecido en una familia católica, he encontrado muchas bendiciones en estos proyectos y, siempre, un entendimiento más profundo de mi fe y mi relación con Jesús. Pero hay algo especial en el Papa Francisco: esa capacidad de mostrar misericordia, esa gentileza de espíritu, esa intimidad con su fe, que me hace querer más de lo que él tiene y me habla directamente al corazón.

El libro que usted ahora sostiene en sus manos es el sexto libro del Papa Francisco que la editorial para la cual trabajo, Loyola Press, ha publicado. Lo menciono porque Loyola Press es una editorial jesuita y el Papa Francisco es el primer papa jesuita.

Pero más que ser un jesuita, el Papa Francisco es la cabeza de la santa Iglesia católica romana, es el Vicario de Cristo, el líder espiritual de más de 1,200 millones de personas en el planeta, la cabeza de una comunidad de fe que se originó hace más de dos mil años y aún continúa vibrante, a pesar de lo que se pueda ver o escuchar en los medios de comunicación seculares.

En este momento, el Papa Francisco además de ser la persona más reconocible del mundo es también el líder religioso más respetado en el mundo. ¿Por qué estoy escribiendo esto en mi nota del editor? Porque cuando el líder religioso más respetado del mundo elige enseñar sobre algo, como lo ha hecho el Papa Francisco con la misericordia, merece nuestra atención.

En esta obra, el Papa Francisco ha elegido otro mensaje muy oportuno: la esperanza, y, específicamente, la esperanza cristiana.

En su capítulo inicial, el Papa Francisco escribe: "En estos tiempos que parecen oscuros, donde a veces nos sentimos perdidos frente al mal y la violencia que nos rodea, frente al dolor de tantos hermanos nuestros, ¡necesitamos esperanza!".

Esta obra ha sido adaptada de una serie de audiencias generales que el Papa Francisco presentó en Roma de diciembre de 2016 a marzo de 2017. El Papa Francisco nos ofrece una visión de la esperanza que es resueltamente diferente de la opinión secular predominante: "Fijemos esto en la cabeza: las propias seguridades no nos salvarán; la única seguridad que nos salva es aquella de la esperanza en Dios".

Este breve libro representa el mensaje de esperanza del Papa Francisco para todos nosotros, que nos encontramos viviendo en situaciones difíciles y tiempos difíciles. La esperanza de la que habla el Papa Francisco se encuentra en las Sagradas Escrituras, en las historias pastorales y de enseñanza que comparte de su propia vida, en las tradiciones y enseñanzas de la Iglesia, y siempre en el misericordioso y transformador corazón de nuestro Señor, Jesucristo.

Que estas palabras del Papa Francisco le lleguen al corazón, inspiren su alma y le ofrezcan esperanza sustentadora: "El fundamento de la esperanza cristiana es lo más fiel y seguro que puede haber: el amor que Dios mismo siente por cada uno de nosotros".

Joseph Durepos
Chicago, julio de 2017

Pero no hay que dejar que la esperanza
nos abandone.
¡El optimismo defrauda; la esperanza, no!

—Papa Francisco

Capítulo I

El consuelo de la esperanza

*I*niciamos hoy una nueva serie de catequesis sobre el tema de *la esperanza cristiana*. Es muy importante, ya que la esperanza nunca defrauda. El optimismo defrauda; la esperanza, no. La necesitamos especialmente en estos tiempos que parecen oscuros, donde a veces nos sentimos perdidos frente al mal y la violencia que nos rodea, frente al dolor de tantos hermanos nuestros. ¡Necesitamos esperanza! Nos sentimos perdidos y también un poco desanimados, porque nos sentimos impotentes y nos parece que esta oscuridad no se acabará nunca.

No debemos dejar que la esperanza nos abandone porque Dios, con su amor, camina con nosotros. "Yo tengo esperanza porque Dios camina conmigo", esto es algo que todos podemos decir. Cada uno de nosotros puede decir: "Yo espero, tengo esperanza, porque Dios camina conmigo. Camina y me lleva de la mano". Dios no nos deja solos y el Señor Jesús ha vencido al mal y nos ha abierto el camino de la vida.

Dejemos que el Señor nos enseñe lo que tener esperanza significa. Escuchemos las palabras de la Sagrada Escritura, empezando por el profeta Isaías, el gran mensajero de la esperanza.

En la segunda parte de su libro, Isaías se dirige al pueblo con su anuncio de consolación: "Consolad, consolad a mi pueblo, dice vuestro Dios. Hablad al corazón de Jerusalén y decidle bien alto que ya ha cumplido su milicia, ya ha satisfecho por su culpa. . . 'Una voz clama: En el desierto abrid camino al Señor, trazad en la estepa una calzada recta a nuestro Dios. Que todo valle sea elevado, y todo monte y cerro rebajado; vuélvase lo escabroso llano y las breñas, planicie. Se revelará la gloria del Señor y toda criatura a una la verá, porque la boca del Señor ha hablado'" (40:1–2, 3–5).

Dios Padre consuela brindando consoladores, a quienes pide que alienten a su pueblo, a sus hijos, con el anuncio de que la tribulación ha terminado, que el dolor se ha acabado y el pecado ha sido perdonado. Esto es lo que sana el corazón angustiado y asustado. Por eso el profeta Isaías les pide que *abran el camino del Señor*, que estén preparados para recibir sus dones y su salvación.

La consolación, para el pueblo, comienza con la posibilidad de caminar por el camino de Dios, un camino nuevo, rectificado y viable, un camino preparado en el desierto, para que sea posible atravesarlo y volver a la patria. El profeta se dirige a un pueblo que está viviendo la tragedia del exilio en Babilonia, y ahora escucha decir que podrá volver a su tierra, a través de un camino hecho cómodo y largo, sin valles ni montañas que hacen cansado el caminar; un camino llano en el desierto. Por tanto, preparar ese camino significa preparar un camino de salvación y un camino de liberación de todo obstáculo y tropiezo.

El exilio fue un momento dramático en la historia de Israel, cuando el pueblo lo había perdido todo: la patria, la libertad, la dignidad e incluso la confianza en Dios. Se sentía abandonado y sin esperanza. Pero aquí está el llamamiento del profeta que vuelve a abrir el corazón a la fe. El desierto es un lugar donde es difícil vivir, pero justo allí, ahora se podrá caminar no solo para volver a la patria, sino para volver a Dios, para volver a tener esperanza y a sonreír. Cuando estamos en la oscuridad, en las dificultades, no viene la sonrisa, y es precisamente la esperanza la que nos enseña a sonreír para encontrar el camino que lleva a Dios.

Una de las primeras cosas que les sucede a las personas que se separan de Dios es que son personas sin sonrisa. Quizás puedan reírse, un chiste, una carcajada. . . pero les falta la sonrisa. La sonrisa la da solamente la esperanza: es la sonrisa de la esperanza de encontrar a Dios.

La vida es a menudo un desierto; es difícil caminar por la vida, pero si nos encomendamos a Dios puede llegar a ser hermosa y ancha como una autopista. Es suficiente con no perder nunca la esperanza, basta con que sigamos creyendo, siempre, a pesar de todo. Cuando nos encontramos frente a un niño, quizá tengamos muchos problemas y muchas dificultades, pero nos viene de adentro una sonrisa, porque tenemos delante la esperanza: un niño es una esperanza. Así tenemos que saber ver en la vida el camino que nos lleva a encontrarnos con Dios, Dios que se hizo niño por nosotros. Y él nos hará sonreír, nos dará todo.

Precisamente estas palabras de Isaías son las que después utilizó Juan Bautista en su invitación a la conversión. Dice así: "Voz que clama en el desierto: preparad el camino al Señor" (Mt 3:3). Es una voz que grita donde parece que nadie puede escuchar —porque, ¿quién puede escuchar en el desierto?—, que clama desorientada porque sufre una crisis de fe. Nosotros no podemos negar que el mundo de hoy está en crisis de fe. Sí, decimos: "Yo creo en Dios, yo soy cristiano, yo soy de esa religión", pero nuestra vida está muy lejos de ser cristiana, está muy lejos de Dios. La religión, la fe, se resume en una palabra: "¿Creo?" "*Sí*".

Se trata de volver a Dios, de convertir el corazón a Dios e ir por este camino para encontrarlo. Él nos espera.

Esto es lo que Juan Bautista nos dice: preparémonos. Preparémonos para el encuentro con ese Niño que nos dará de nuevo la sonrisa.

Cuando el Bautista anuncia la venida de Jesús, es como si los israelitas estuvieran todavía en el exilio, ahora bajo el dominio de Roma, que les hace extranjeros en su propia patria, gobernados por ocupantes poderosos que deciden sobre sus vidas.

Pero la verdadera historia no es la hecha por los poderosos, sino la hecha por Dios junto con sus pequeños. La verdadera historia, la que permanecerá en la eternidad, es la que escribe Dios con sus pequeños: Dios con María, Dios con Jesús, Dios con José, Dios con los pequeños. Esos pequeños y sencillos que encontramos junto a un Jesús recién nacido: Zacarías e Isabel, ancianos y marcados por la esterilidad; María, joven virgen prometida con José; los pastores, que eran despreciados y no contaban para nada. Son los pequeños, hechos grandes por su fe, quienes saben continuar teniendo esperanza. La esperanza es una virtud de los pequeños. Los grandes, los satisfechos, no conocen la esperanza, no saben qué es.

Son los pequeños con Dios, con Jesús, los que transforman el desierto del exilio, de la soledad desesperada, del sufrimiento, en un camino plano sobre el que caminar para ir al encuentro de la gloria del Señor.

Permitamos que se nos enseñe la esperanza mientras esperamos la venida del Señor, y cualquiera que sea el desierto de nuestras vidas, pues cada uno sabe en qué desierto camina, se convertirá en un jardín florecido. La esperanza no decepciona.

Estamos llamados a convertirnos en hombres y mujeres de esperanza.

—Papa Francisco

Capítulo II

Motivos para la esperanza

*E*l capítulo 52 de Isaías empieza con la invitación dirigida a Jerusalén para que se despierte, se sacuda el polvo y las cadenas y se ponga los vestidos más bonitos, porque el Señor ha venido a liberar a su pueblo (vv. 1–3). Y añade: "Por eso mi Pueblo conocerá mi Nombre en ese día, porque yo soy aquel que dice: '¡Aquí estoy!'" (v. 6). A este "aquí estoy" dicho por Dios, que resume toda su voluntad de salvación, responde el canto de alegría de Jerusalén, según la invitación del profeta. Es el final del exilio de Babilonia, es la posibilidad para Israel de encontrar a Dios y, en la fe, de encontrarse a sí misma. El Señor se hace cercano y el "pequeño resto", que en exilio ha resistido en la fe, que ha atravesado la crisis y ha continuado creyendo y esperando también en medio de la oscuridad, ese "pequeño resto" podrá ver las maravillas de Dios.

En este punto el profeta introduce un canto de júbilo: "Qué hermosos son sobre las montañas los pasos del que trae la buena noticia, del que proclama la paz, del que anuncia la felicidad, del que proclama la salvación y dice a Sión: '¡Tu Dios reina!'. [. . .] ¡Prorrumpan en gritos de alegría, ruinas de Jerusalén, porque el Señor consuela a su Pueblo, él redime a Jerusalén! El Señor desnuda su santo brazo a la vista de todas las naciones; verán la salvación de nuestro Dios" (Is 52:7, 9–10).

Estas palabras de Isaías, en las que queremos detenernos, hacen referencia al milagro de la paz, y lo hacen de una forma muy particular, poniendo la mirada no solo en el mensajero sino en los pies que corren veloces: "Qué hermosos son sobre las montañas los pasos del que trae la buena noticia".

Parece el esposo del Cantar de los Cantares que corre hacia la amada: "Ahí viene, saltando por las montañas, brincando por las colinas". Así también el mensajero de la paz corre, llevando el feliz anuncio de liberación, de salvación y proclamando que Dios reina.

Dios no ha abandonado a su pueblo y no se ha dejado derrotar por el mal, porque él es fiel, y su gracia es más grande que el pecado. Esto tenemos que aprenderlo, porque somos cabezotas y no lo aprendemos. Pero os haré una pregunta: ¿quién es más grande, Dios o el pecado? Dios. Y Dios es capaz de vencer al pecado más grande. También al pecado más vergonzoso. Y, ¿con qué arma vence Dios al pecado? El amor. Esto quiere decir que "Dios reina" son las palabras de la fe en un Señor cuyo poder se inclina sobre la humanidad para ofrecer misericordia y liberar al hombre de aquello que desfigura en él la bella imagen de Dios. Y el cumplimiento de tanto amor será precisamente el Reino instaurado por Jesús, ese Reino de perdón y de paz: el Señor ha cancelado mis pecados, el Señor me ha perdonado, el Señor ha tenido misericordia de mí, ha venido a salvarme.

Este es el motivo de nuestra esperanza: cuando parece que todo ha terminado, cuando, frente a tantas realidades negativas la fe se hace cansada y viene la tentación de decir que nada tiene sentido, aquí está sin embargo la buena noticia traída por esos pies rápidos. Dios está viniendo a realizar algo nuevo, a instaurar un reino de paz; Dios... viene a traer libertad y consolación. El mal no triunfará para siempre, hay un fin al dolor. La desesperación es vencida porque Dios está entre nosotros.

Y como a Jerusalén, también a nosotros se nos pide despertar, según la invitación del profeta. Estamos llamados a convertirnos en hombres y mujeres de esperanza, colaborando con la venida de este Reino hecho de luz y destinado a todos, hombres y mujeres de esperanza. Pero qué triste es cuando encontramos un cristiano que ha perdido la esperanza: "Yo no espero nada, todo ha terminado para mí"; un cristiano que no es capaz de ver horizontes de esperanza y delante de su corazón solo ve un muro. Pero Dios destruye estos muros con el perdón, y por eso rezamos para que Dios nos dé cada día la esperanza y nos la de a todos, esa esperanza que nace cuando vemos a Dios en el pesebre en Belén.

El mensaje de la Buena Nueva que se nos ha confiado es urgente, también nosotros tenemos que correr como el mensajero en las montañas, porque el mundo no puede esperar, la humanidad tiene hambre y sed de justicia, de verdad, de paz. Y viendo al pequeño Niño de Belén, los pequeños del mundo sabrán que la promesa se ha cumplido; el mensaje se ha realizado.

Es necesario abrir el corazón a ese pequeño y a tanta maravilla. Es la sorpresa de un Dios niño, de un Dios pobre, de un Dios débil, de un Dios que abandona su grandeza para hacerse cercano a cada uno de nosotros.

Fijemos esto en la cabeza: las propias seguridades no nos salvarán; la única seguridad que nos salva es aquella de la esperanza en Dios.

—PAPA FRANCISCO

Capítulo III

La esperanza es un camino

H emos ya comenzado nuestro caminar sobre el tema de la esperanza. El profeta Isaías ha sido hasta ahora nuestro guía. Ahora me gustaría reflexionar sobre un momento concreto, el momento en que la esperanza llegó al mundo con la Encarnación del Hijo de Dios. Fue también Isaías quien en diferentes pasajes predijo el nacimiento del Mesías: "Miren: la joven está embarazada y dará a luz un hijo, y le pondrá por nombre Emanuel" (7:14); y también: "Pero retoñará el tronco de Jesé, de su cepa brotará un vástago" (11:1). En estos pasajes Dios cumple su promesa haciéndose humano; para no abandonar a su pueblo, llega casi al punto de despojarse de su divinidad. De esta manera, Dios manifiesta su fidelidad e inaugura un reino nuevo, que trae una nueva esperanza a la humanidad. ¿Y cuál es esta esperanza? La vida eterna.

Cuando hablamos de esperanza, a menudo nos referimos a algo que la humanidad no tiene el poder de realizar, algo que es invisible. De hecho, aquello que esperamos va más allá de nuestras fuerzas y nuestra percepción. Pero el nacimiento de Cristo, que trae la redención al mundo, nos habla de una esperanza diferente: una esperanza segura, visible y evidente, que tiene su fundamento en Dios mismo. Jesús viene al mundo y nos da fuerza para caminar con él. Dios camina con nosotros a través de Jesús, y caminando con él hacia la plenitud de la vida nos da fuerza para vivir el presente de un modo nuevo, aunque arduo.

Para los cristianos tener esperanza significa tener la certeza de que estamos caminando con Jesús hacia el Padre, quien nos está esperando. La esperanza nunca se queda quieta, la esperanza es siempre un caminar, y nos hace emprender el camino. Esta esperanza que el niño de Belén nos trae, nos ofrece un destino, una meta segura a la que dirigirnos: la salvación de la humanidad, y la bendición a aquellos que confían en un Dios misericordioso. San Pablo resume todo esto con la expresión: "Con esa esperanza nos han salvado" (Rom. 8:24).

Dicho de otra manera, caminar en este mundo con esperanza hace que estemos salvados. Aquí cada uno de nosotros nos podemos preguntar: ¿Camino con esperanza o mi vida interior está paralizada, cerrada? ¿Está cerrado mi corazón o está abierto a la esperanza que me permite no caminar solo, sino con Jesús?

En los hogares cristianos durante la Navidad y siguiendo una tradición que se remonta a san Francisco de Asís, se suele colocar una escena de la Natividad, un Belén. De esta manera tan sencilla, la escena de la Natividad nos transmite esperanza. Cada uno de los personajes está inmerso en esta atmósfera de esperanza.

En primer lugar, nos fijamos en el lugar donde Jesús nació: Belén. Se trata de un pueblito pequeño en Judea, donde cientos de años atrás había nacido David, el pastor que Dios eligió para ser el rey de Israel. Belén no es una ciudad, y por esta razón la Divina Providencia la prefiere, pues siempre elige actuar a través de los pequeños y humildes. En ese lugar nace el esperado "Hijo de David", Jesús, en quien la esperanza de Dios y la esperanza de la humanidad se hacen una.

También miramos a María, madre de la esperanza. Diciendo "sí" abrió la puerta de nuestro mundo a Dios: su corazón virgen estaba lleno de esperanza, acrecentada por la fe. Por eso Dios la eligió y ella creyó en su palabra. Durante nueve meses María fue el arca de la nueva y eterna Alianza. La vemos en la cueva, contemplando al niño y viendo en él el amor de Dios, quien viene a salvar a su pueblo y a toda la humanidad.

Junto a María se encuentra José, descendiente de Jesé y de David. También él creyó en las palabras del ángel, y mirando a Jesús en el pesebre reflexiona sobre el hecho de que el niño ha venido del Espíritu Santo, y sobre cómo Dios mismo le pidió que le pusiera de nombre "Jesús". En ese nombre hay esperanza para cada hombre y cada mujer, porque a través de ese hijo de una mujer, Dios salvará a la humanidad de la muerte y el pecado. Por esto es importante contemplar la escena de la Natividad.

En la escena de la Natividad se encuentran también los pastores, que representan a los humildes y a los pobres que esperan al Mesías, la "consolación de Israel" (Lc 2:25) y la "redención de Jerusalén" (Lc 2:38). En este niño ven la realización de las promesas y la esperanza de que la salvación de Dios finalmente llegará para cada uno de ellos. Los que confían en sus propias seguridades, especialmente en las materiales, no esperan por la salvación de Dios.

Tengamos esto siempre presente: nuestras propias seguridades no nos salvarán; la única certeza que nos salvará es nuestra esperanza en Dios. Nos salvará porque es fuerte, y nos permite caminar por la vida con alegría, con la voluntad de hacer el bien y de ser buenos, y con la voluntad de alcanzar la felicidad eterna. Así, los pastores confían en Dios, ponen su esperanza en él y se regocijan cuando reconocen en ese niño la señal enviada por los ángeles.

El coro mismo de los ángeles proclama desde lo alto el gran designio que el niño cumple: "Gloria a Dios en las alturas y en la tierra paz a los hombres amados por él" (Lc 2:14). La esperanza cristiana se expresa en alabanza y gratitud a Dios, quien ha iniciado su reino de amor, justicia y paz.

Cada sí que decimos a Jesús es una semilla de esperanza. Confiemos en esta semilla de esperanza, en este sí: "Sí, Jesús, tú puedes salvarme. Puedes salvarme mi Señor".

La esperanza abre nuevos horizontes, haciéndonos capaces de soñar aquello que ni siquiera es imaginable.

—PAPA FRANCISCO

Capítulo IV

Seguir esperando cuando no hay ninguna esperanza

San Pablo, en la Carta a los Romanos, nos recuerda la gran figura de Abrahán para indicarnos la vía de la fe y de la esperanza. Sobre él, el apóstol escribe: "Siguió esperando cuando ya no había ninguna esperanza y así se convirtió en padre de muchos pueblos" (Rom 4:18). Seguir esperando cuando ya no hay ninguna esperanza. Este concepto es poderoso: incluso cuando no hay esperanza, yo espero. Es así como nuestro padre Abrahán esperaba. San Pablo alude a la fe con la cual Abrahán creyó en la palabra de Dios, que le prometía un hijo. Realmente se trataba de esperar cuando no había "ninguna esperanza". Así de imposible parecía lo que el Señor le estaba anunciando, porque él era anciano —tenía casi cien años— y su mujer era estéril. Pero Dios se lo dijo, y él creyó.

Confiando en esta promesa, Abrahán se pone en camino, acepta dejar su tierra y convertirse en extranjero en una tierra nueva, esperando este "imposible" hijo que Dios le iba a dar a pesar del vientre estéril de Sara. Abrahán cree; su fe se abre a una esperanza en apariencia irracional. Esa es la capacidad de ir más allá de los razonamientos humanos, de la sabiduría y de la prudencia del mundo, más allá de lo que normalmente es considerado de sentido común, para creer en lo imposible.

La esperanza abre nuevos horizontes, nos hace capaces de soñar aquello que ni siquiera es imaginable. Esta esperanza nos invita a entrar en la oscuridad de un futuro incierto para caminar a través de ella hacia la luz. Es hermoso; la virtud de la esperanza nos da tanta fuerza para caminar por la vida.

Pero es un camino difícil. También lo fue para Abrahán y tuvo una crisis de desaliento. Confió, dejó su casa, su tierra, sus amigos. . . todo. Se fue, llegó a la tierra que

Dios le había indicado, y el tiempo pasó. En aquella época hacer un viaje así no era como hoy, que con los aviones en pocas horas se hace; hacían falta meses, años. El tiempo pasaba, pero el hijo no llegaba.

Y Abrahán se lamenta con el Señor. Esto también lo aprendemos de nuestro padre Abrahán: quejarse con el Señor es otro modo de rezar. Laméntate, ¡Él es Padre! Y este es también un modo de rezar; laméntate con el Señor, eso es bueno. Abrahán se lamenta con el Señor diciendo: "No me has dado hijos, y un criado de casa me heredará". Y he aquí que la palabra del Señor le dijo: "No te heredará ese, uno que saldrá de tus entrañas te heredará". Y le dijo: "Mira hacia el cielo y cuenta las estrellas si puedes. Así será tu descendencia".

La escena se desarrolla de noche. Afuera está oscuro, pero también en el corazón de Abrahán está la oscuridad de la desilusión, del desánimo, de la dificultad para continuar esperando algo imposible. A estas alturas el patriarca tiene una edad muy avanzada, parece que no hay más tiempo para un hijo, y será un criado quien heredará todo.

Abrahán todavía mira al Señor, pero Dios, aunque esté presente no le habla. Es como si se hubiera alejado, como si no hubiese cumplido su palabra. Abrahán se siente solo, viejo y cansado, con la muerte acechando. ¿Cómo puede continuar confiando?

A pesar de todo, Abrahán continúa creyendo en Dios y esperando que algo pueda ocurrir todavía. De no ser así, ¿para qué consultar al Señor, lamentarse con él, reclamar sus promesas? Para Abrahán, la esperanza no es la certeza que te pone a salvo ante la duda y la perplejidad. Muchas veces, la esperanza es oscuridad; pero ahí está, impulsándote hacia adelante. La fe es también luchar con Dios, mostrarle nuestra amargura, sin aceptar ilusiones. Pero él es Padre, él te ha entendido. Tienes que tener valor. Y esto es la esperanza: no tener miedo de ver la realidad por lo que es y aceptar las contradicciones.

Abrahán, en la fe, se dirige a Dios para que lo ayude a seguir teniendo esperanza. Es curioso, no le pidió un hijo. Lo que le pidió fue: "Ayúdame a seguir esperando", una oración para tener esperanza. Y el Señor responde insistiendo con su inverosímil promesa: habrá un niño, nacido de Abrahán, generado por él. Nada ha cambiado por parte de Dios. Él sigue afirmando lo que ya había dicho, y no ofrece apoyos a Abrahán para que se sienta reafirmado. La única seguridad de Abrahán es confiar en la palabra del Señor y seguir esperando.

Y ese signo que Dios da a Abrahán es la petición de seguir creyendo y esperando: "Mira hacia el cielo y cuenta las estrellas [. . .] Así será tu descendencia" (Gen 15:5). Es todavía una promesa, es todavía algo que esperar respecto al futuro. Dios saca afuera de la carpa a Abrahán y le muestra las estrellas. Para creer, es necesario saber ver con los ojos de la fe. Claro que son solo estrellas, todos las pueden ver, pero para Abrahán se convierten en un signo de la fidelidad de Dios.

Es esta fe, esta manera de tener esperanza, el camino que cada uno de nosotros debe recorrer. A veces nuestra única opción es la de mirar a las estrellas y confiar en Dios. La esperanza en Dios no defrauda.

Para hablar de esperanza

a quien está desesperado,

es necesario compartir

su desesperación;

para secar una lágrima

del rostro de quien sufre,

es necesario unir al suyo

nuestro llanto.

—PAPA FRANCISCO

CAPÍTULO V

Lágrimas de esperanza

ontemplemos una figura de mujer que nos habla de la esperanza vivida en el llanto. Se trata de Raquel, la esposa de Jacob y madre de José y Benjamín, quien, como se narra en el libro del Génesis, muere dando a luz a su segundo hijo, Benjamín.

El profeta Jeremías hace referencia a Raquel cuando se dirige a los Israelitas exiliados para consolarles, con palabras llenas de emoción y de poesía; es decir, toma el llanto de Raquel, pero ofrece esperanza: "Así dice el Señor: 'En Ramá se escuchan ayes, / lloro amarguísimo. / Raquel que llora por sus hijos, / que rehúsa consolarse, —por sus hijos— / porque no existen'".

En estos versículos, Jeremías presenta a una mujer de su pueblo, la gran matriarca de su tribu, en una realidad de dolor y llanto, pero junto a una forma inesperada de ver la vida. Raquel, que en la narración del Génesis murió dando a luz y habiendo aceptado esa muerte para que su hijo viviera, es ahora presentada por el profeta como estando viva en Ramá, allí donde se reunían los deportados, llorando por los hijos que en un cierto sentido han muerto yendo al exilio; hijos que como ella misma dice "no existen", hijos que han desaparecido para siempre.

Esta es la razón por la que Raquel no quiere ser consolada. Este rechazo suyo expresa la profundidad de su dolor y la amargura de su llanto. Ante la tragedia de la pérdida de los hijos, una madre no puede aceptar palabras o gestos de consolación, que son siempre inadecuados, incapaces de mitigar el dolor de una herida que no puede y no quiere ser curada. Un dolor proporcional a su amor.

Toda madre lo sabe; y son muchas las madres que lloran, que no aceptan la pérdida de un hijo, inconsolables ante una muerte imposible de aceptar. Raquel encierra en sí el dolor de todas las madres del mundo, de todos los tiempos, y las lágrimas de todo ser humano que llora pérdidas irreparables.

Este rechazo de Raquel que no quiere ser consolada nos enseña además cuánta delicadeza se requiere ante el dolor ajeno. Para hablar de esperanza a quien está desesperado, es necesario compartir su desesperación; para secar una lágrima del rostro de quien sufre, es necesario unir al suyo nuestro llanto. Solo así nuestras palabras pueden ser realmente capaces de dar un poco de esperanza. Y si no puedo decir palabras así, con lágrimas, con dolor, entonces mejor es el silencio: la caricia, el gesto, pero sin palabras.

Dios, con su delicadeza y su amor, responde al llanto de Raquel con palabras verdaderas, no fingidas; así prosigue efectivamente el texto de Jeremías: "Dice el Señor" —respondiendo a ese llanto— "'Reprime tu voz del lloro, y tus ojos del llanto, / porque hay paga para tu trabajo, / volverán de tierra hostil, / y hay esperanza

para tu futuro: / volverán los hijos a su territorio'"
(Jer 31:16–17).

Precisamente por el llanto de la madre hay todavía
esperanza para los hijos, quienes volverán a la vida.

Esta mujer, que había aceptado morir en el momento
del parto para que el hijo pudiese vivir, con su llanto es
ahora principio de vida nueva para los hijos exiliados, los
que están lejos de la patria. Al dolor y al llanto amargo
de Raquel, el Señor responde ahora con una promesa
que puede ser para ella motivo de verdadera consolación:
el pueblo podrá volver del exilio y con libertad
experimentar en la fe su propia relación con Dios. Las
lágrimas generan esperanza. Y aunque esto no es fácil
de entender, es verdad. Tantas veces, en nuestra vida, las
lágrimas siembran esperanza; son semillas de esperanza.

Como sabemos, este texto de Jeremías es retomado más
tarde por el evangelista Mateo y aplicado en la matanza
de los inocentes (Mt 2:16–18). Se trata de un texto que
nos pone ante la tragedia de la matanza de seres humanos
indefensos, ante el horror del poder que desprecia y
suprime la vida. Los niños de Belén murieron a causa de

Jesús. Y él, Cordero inocente, muere después, a su vez, por todos nosotros. El Hijo de Dios entró en el dolor de los hombres. No lo debemos olvidar.

Cuando alguien me hace una pregunta difícil, como por ejemplo: "Padre, dígame: ¿por qué sufren los niños?" de verdad, no sé qué responder. Solamente digo: "Mira el Crucifijo: Dios nos ha dado a su Hijo, él ha sufrido, y quizás ahí encontrarás una respuesta". Pero no hay repuestas fáciles. Solamente mirando el amor de Dios, que nos da a su Hijo, quien ofrece su vida por nosotros, puede indicarnos algún camino de consolación. Y por esto decimos que el Hijo de Dios ha entrado en el dolor de los hombres, ha compartido y ha acogido la muerte; su Palabra es definitivamente palabra de consolación, porque nace del llanto.

Y sobre la cruz será él, el Hijo moribundo, quien deja a su madre en manos del discípulo Juan y la hace madre del pueblo de los creyentes. La muerte ha sido vencida, y así llega el cumplimiento de la profecía de Jeremías. También las lágrimas de María, como las de Raquel, generan esperanza y nueva vida.

Esta es la maravillosa realidad de la esperanza:

confiando en el Señor nos hacemos como él;

su bendición nos transforma en hijos suyos,

que comparten su vida.

—PAPA FRANCISCO

CAPÍTULO VI

La realidad de la esperanza

*L*a esperanza es una necesidad básica del hombre: tener esperanza en el futuro, un creer en la vida y el llamado "pensamiento positivo".

Pero es importante que esa esperanza esté puesta en lo que verdaderamente puede ayudarnos a vivir y a dar sentido a nuestra existencia. Por esto, las Sagradas Escrituras nos ponen en guardia contra las falsas esperanzas que el mundo nos presenta, desenmascaran su inutilidad y nos muestran su insensatez. Y lo hacen de varias formas, pero sobre todo denunciando la falsedad de los ídolos en los que el hombre está continuamente tentado a poner su confianza, haciéndoles objeto de su esperanza.

Los profetas y sabios insisten en esto, sabiendo que es un punto importante en el camino de fe del creyente. Porque tener fe significa confiar en Dios —quien tiene fe, confía en Dios— pero llega el momento en el que, encontrándose frente a las dificultades de la vida, el hombre experimenta la fragilidad de esa confianza y siente la necesidad de hallar certezas diferentes, seguridades tangibles, concretas. Yo confío en Dios, pero la situación es bastante seria y necesito de una certeza un poco más concreta. Y ahí está el peligro.

En esos momentos estamos tentados a buscar consuelos también efímeros, que parecen llenar el vacío de la soledad y calmar el cansancio del creer. Pensamos que podemos encontrar consuelo en la seguridad que puede dar el dinero, en las alianzas con los poderosos, en la mundanidad, en las falsas ideologías. A veces lo buscamos en un dios que pueda doblegarse a nuestras peticiones y mágicamente intervenir para cambiar la realidad y hacerla como nosotros queremos; en un ídolo precisamente, que en cuanto tal no puede hacer nada, impotente y mentiroso. Pero a nosotros nos gustan los ídolos, nos gustan mucho.

Una vez, en Buenos Aires, tuve que ir de una iglesia a otra, estaban a un kilómetro de distancia, más o menos. Y fui caminando. Había un parque en medio, y en el parque había pequeñas mesas, donde estaban sentados muchos, pero muchos videntes. Estaba lleno de gente que hacía cola. La gente les daba la mano y ellos empezaban, pero el discurso era siempre el mismo: hay una mujer en tu vida, hay una sombra que viene, pero no te preocupes, todo irá bien... Y después pagas. ¿Y esto nos da seguridad? Es la seguridad —permitidme la palabra— de una estupidez. Acudir a un vidente o a que te lean las cartas es adorar a un ídolo. Y cuando nos apegamos a esto compramos falsas esperanzas. Mientras que la esperanza que se nos ha dado libremente, la que nos ha traído Jesucristo gratuitamente dando la vida por nosotros, de esa a veces no nos fiamos tanto.

Un salmo lleno de sabiduría nos dibuja de una forma muy sugestiva la falsedad de estos ídolos que el mundo nos ofrece como nuestra esperanza y de los que los hombres y mujeres de todas las épocas están tentados a fiarse. Es el Salmo 115, que dice así: "Plata y oro son sus ídolos, / obra de mano de hombre. / Tienen boca y no hablan, / tienen ojos y no ven, / tienen oídos y no oyen, / tienen nariz y no huelen. / Tienen manos y no palpan, / tienen pies y no caminan; / ni un solo susurro en su garganta. / Como ellos serán los que los hacen, / cuantos en ellos ponen su confianza" (4-8).

El salmista nos presenta, de forma un poco irónica, la realidad absolutamente efímera de estos ídolos. Y tenemos que entender que no se trata solo de figuras hechas de metal o de otros materiales, sino también de esas construidas con nuestra mente, cuando nos fiamos de realidades limitadas que transformamos en absolutas, o cuando reducimos a Dios a nuestros esquemas y a nuestras ideas de divinidad.

Un dios que se nos parece es comprensible, previsible, precisamente como los ídolos de los que habla el salmo. El hombre, la imagen de Dios, fabrica un dios según su propia imagen, pero es una imagen mal conseguida: no siente, no actúa y, sobre todo, no puede hablar. Pero estamos más contentos de ir a los ídolos que de ir al Señor. Estamos muchas veces más contentos por la efímera esperanza que nos da un falso ídolo, que por la gran esperanza segura que nos da el Señor.

A la esperanza en un Señor de la vida que con su Palabra ha creado el mundo y conduce nuestras existencias se contrapone la confianza en ídolos mudos. También las ideologías que reclaman lo absoluto, como la riqueza —y este es un gran ídolo—; el poder y el éxito; la vanidad, con su ilusión de eternidad y de omnipotencia; valores como la belleza física y la salud. Cuando estos se convierten en ídolos a los que sacrificar cualquier cosa, se transforman en cosas que confunden la mente y el corazón, y en vez de favorecer la vida conducen a la muerte. Es muy duro escuchar y duele en el alma, eso que una vez, hace años, escuché en la diócesis de Buenos Aires: una mujer buena, muy guapa, que presumía de belleza, comentaba como si fuera algo natural: "Eh sí, he tenido que abortar porque mi figura es muy importante". Estos son los ídolos, nos llevan por el camino equivocado y no nos dan felicidad.

El mensaje del salmo es muy claro: cuando se pone la esperanza en los ídolos, uno se hace como ellos: imágenes vacías con manos que no tocan, pies que no caminan, bocas que no pueden hablar. No se tiene nada más que decir, nos convertimos en seres incapaces de ayudar, de cambiar las cosas, incapaces de sonreír, de darnos a nosotros mismos, incapaces de amar. Es necesario permanecer en el mundo, pero debemos defendernos de las ilusiones del mundo.

Como prosigue el salmo, es necesario confiar y esperar en Dios, y Dios nos bendecirá. Así dice el salmo: "Casa de Israel, confía en el Yahveh [. . .], casa de Aarón, confía en Yahveh [. . .], los que teméis a Yahveh, confiad en Yahveh [. . .] Yahveh se acuerda de nosotros, él bendecirá" (Sal 115:9, 10, 11, 12).

El Señor se acuerda siempre. También en los momentos difíciles él se acuerda de nosotros. Y esta es nuestra esperanza. Y la esperanza no decepciona nunca. Nunca. Los ídolos decepcionan siempre: son fantasías, no son realidad. Esta es la maravillosa realidad de la esperanza: confiando en el Señor nos hacemos como él, su bendición nos transforma en sus hijos, que comparten su vida.

La esperanza en Dios nos hace entrar, por así decirlo, en el radio de acción de su recuerdo, de su memoria que nos bendice y nos salva. Y entonces puede brotar el aleluya, la alabanza al Dios vivo y verdadero, quien para nosotros ha nacido de María, ha muerto en la cruz y resucitado en la gloria. Y en este Dios nosotros tenemos esperanza, y este Dios —que no es un ídolo— no decepciona nunca.

La oración nos guía hacia delante en

la esperanza.

—PAPA FRANCISCO

CAPÍTULO VII

Oración y esperanza

En las Sagradas Escrituras, entre los profetas de Israel destaca una figura un poco anómala, un profeta que intenta evadirse del llamado del Señor rechazando ponerse al servicio del plan divino de salvación. Se trata del profeta Jonás, cuya historia se narra en un pequeño libro de solo cuatro capítulos, una especie de parábola portadora de una gran enseñanza, la de la misericordia de Dios que perdona.

Jonás es un profeta "que sale" y ¡también un profeta en fuga! Es un profeta que sale enviado por Dios "a la periferia", a Nínive, para convertir a los habitantes de esa gran ciudad. Pero Nínive, para un israelita como Jonás, representa una realidad amenazante: el enemigo que puso en peligro a la misma Jerusalén, y por tanto debía ser destruida, ciertamente no salvada. Por eso, cuando Dios manda a Jonás a predicar en esa ciudad, el profeta, que conoce la bondad del Señor y su deseo de perdonar, trata de escapar de su tarea y huye.

Durante su huida, el profeta entra en contacto con unos paganos, los marineros de la nave en la que se había embarcado para alejarse de Dios y de su misión. Y huye lejos, porque Nínive estaba en la zona de Iraq y él huye a España, huye de verdad. Es precisamente el comportamiento de estos hombres paganos, como después será el de los habitantes de Nínive, lo que hoy nos permite reflexionar un poco sobre la esperanza que, ante el peligro y la muerte, se expresa en oración.

De hecho, durante la travesía en el mar se desencadena una gran tormenta, y Jonás baja a la bodega del barco y se duerme. Los marineros sin embargo, viéndose perdidos, "se pusieron a invocar cada uno a su dios". El capitán del barco despierta a Jonás diciéndole: "¿Qué haces aquí dormido? ¡Levántate e invoca a tu dios! Quizás Dios se ocupe de nosotros y no perezcamos" (Jon 1:6).

La reacción de estos "paganos" es la justa reacción ante la muerte, ante el peligro, pues es en ese momento cuando el hombre experimenta de forma completa su propia fragilidad y su necesidad de salvación.

El horror instintivo de morir desvela la necesidad de esperar en el Dios de la vida. "Quizás Dios se ocupe de nosotros y no perezcamos", son las palabras de la esperanza que se convierten en oración, esa súplica llena de angustia que sale de los labios del hombre ante un inminente peligro de muerte.

Demasiado fácilmente desdeñamos la idea de dirigirnos a Dios ante la necesidad como si fuera solo una oración interesada, y por eso imperfecta. Pero Dios conoce nuestra debilidad, sabe que nos acordamos de él para pedir ayuda, y con la sonrisa indulgente de un padre responde benévolamente.

Cuando Jonás, reconociendo su responsabilidad, se echa al mar para salvar a sus compañeros de viaje, la tempestad se calma. La muerte inminente ha llevado a esos hombres paganos a la oración, ha hecho que el profeta, a pesar de todo, viviera la propia vocación al servicio de los otros aceptando sacrificarse por ellos, y ahora conduce a los supervivientes al reconocimiento del verdadero Señor y a su alabanza. Los marineros, que habían rezado con miedo dirigiéndose a sus dioses, ahora, con sincero temor del Señor, reconocen al verdadero Dios, ofrecen sacrificios y hacen promesas. La esperanza que les había llevado a rezar para no morir, se revela aún más poderosa y obra una realidad que va incluso más allá de lo que ellos esperaban: no solo no perecen durante la tempestad, sino que se abren al reconocimiento del verdadero y único Señor del cielo y de la tierra.

Después, también los habitantes de Nínive, ante la perspectiva de ser destruidos e impulsados por la esperanza en el perdón de Dios, rezarán. Harán penitencia, invocarán al Señor y se convertirán a él, empezando por el rey que, como el capitán de la nave, da voz a la esperanza diciendo: "A ver si Dios se arrepiente, calma el incendio de su ira y no perecemos" (Jon 3:9).

También para ellos, como para la tripulación durante la tormenta, haber afrontado la muerte y haber resultado salvados los ha llevado a la verdad. Así, bajo la misericordia divina y aún más a la luz del misterio pascual, la muerte puede convertirse, como también lo fue para San Francisco de Asís, en "nuestra hermana muerte" y representar para cada hombre y para cada uno de nosotros la sorprendente ocasión de conocer la esperanza y encontrar al Señor.

Que el Señor nos haga entender esta unión entre oración y esperanza. La oración nos guía hacia adelante en la esperanza, y cuando las cosas se vuelven oscuras se necesita más oración, y ahí encontraremos más esperanza.

No pongamos nunca condiciones a Dios
y dejemos que la esperanza venza a
nuestros temores.

—PAPA FRANCISCO

El lenguaje de la esperanza

*E*ntre las figuras de mujeres que el Antiguo Testamento nos presenta destaca la de una gran heroína del pueblo: Judit. El libro de la Biblia que lleva su nombre narra la imponente campaña militar de Nabucodonosor, rey de Nínive, quien extendió las fronteras de su imperio derrotando y esclavizando a todos los pueblos de los alrededores. El lector puede sentir cómo sería encontrarse con un enemigo grande, invencible, que siembra muerte y destrucción y que llega hasta la Tierra Prometida, poniendo en peligro la vida de los hijos de Israel.

De hecho, el ejército de Nabucodonosor, bajo la guía del general Holofernes, asedia la ciudad de Betulia, en

Judea, cortando el suministro de agua y minando así la resistencia de la población.

La situación se hace dramática, hasta tal punto que los habitantes de la ciudad se dirigen a los ancianos pidiendo que se rindan a los enemigos. Las suyas son palabras desesperadas: "Ya no hay nadie que pueda auxiliarnos, porque Dios nos ha puesto en manos de esa gente para que desfallezcamos de sed ante sus ojos y seamos totalmente destruidos". Llegaron a decir: "Dios nos ha vendido", la desesperación era tan grande. "Llamadles ahora mismo y entregad toda la ciudad como botín a Holofernes y a todo su ejército" (Jdt 7:25–26). El final parece casi inevitable, la capacidad de confiar en Dios decae. ¿Cuántas veces hemos llegado a situaciones límite, donde no sentimos que podemos tener confianza en el Señor? Paradójicamente, parece que, para huir de la muerte, no les queda otra cosa que entregarse a las manos de quien mata. Ellos saben que estos soldados entrarán y saquearán la ciudad, tomarán a las mujeres como esclavas y después matarán a todos los demás. Esto realmente es "el límite".

Y ante tanta desesperación, el jefe del pueblo trata de ofrecer algo de esperanza: les pide resistir cinco días más, esperando la intervención salvífica de Dios. Pero es una esperanza débil que le hace concluir diciendo: "Pero si pasan estos días sin recibir ayuda cumpliré vuestros deseos" (Jdt 7:31). Pobre hombre, no tenía salida. Le dan cinco días a Dios —y aquí está el pecado— cinco días para que intervenga; cinco días de espera, pero ya pensando en el final. Conceden cinco días a Dios para salvarles, pero saben que no tienen fe y esperan lo peor. En realidad no hay nadie entre ellos que sea todavía capaz de esperar. Estaban desesperados.

Es en esta situación cuando aparece en escena Judit. Viuda, mujer de gran belleza y sabiduría, que habla al pueblo con el lenguaje de la fe. Valiente, regaña a la cara al pueblo: "Así tentáis al Señor Omnipotente [. . .]. No, hermanos; no provoquéis la cólera del Señor, Dios nuestro. Porque si no quiere socorrernos en el plazo de cinco días, tiene poder para protegernos en cualquier otro momento, como lo tiene para aniquilarnos en presencia de nuestros enemigos [. . .]. Pidámosle más bien que nos socorra, mientras esperamos confiadamente que nos salve. Y él escuchará nuestra súplica, si le place hacerlo" (8:13, 14–15, 17). Es el lenguaje de la esperanza. Llamemos a las puertas del corazón de Dios, él es el Padre, él puede salvarnos. Esta mujer, viuda, asume el riesgo también de quedar mal delante de los otros. Pero es valiente. Va adelante. Ahora, y esta es mi opinión, las mujeres son más valientes que los hombres.

Con la fuerza de un profeta, Judit llama a los hombres de su pueblo para llevarlos de nuevo a confiar en Dios; con la visión de un profeta, ella ve más allá del estrecho horizonte propuesto por los jefes y que el miedo hace todavía más limitado. Sin duda, Dios actuará —afirma ella—, mientras la propuesta de los cinco días de espera es un modo para tentarlo y para escapar de su voluntad. El Señor es Dios de salvación, y ella creía esto, sea cual sea la forma que tome. Es salvación liberar de los enemigos y traer vida, pero, en sus planes impenetrables, puede también ser salvación permitir la muerte. Ella, una mujer de fe, lo sabe. Ya conocemos el final, cómo la historia termina: Dios salva.

No pongamos nunca condiciones a Dios y dejemos que la esperanza venza nuestros temores. Confiar en Dios quiere decir entrar en sus designios sin demandar nada, también aceptando que su salvación y su ayuda lleguen a nosotros de forma diferente de nuestras expectativas. Pedimos al Señor vida, salud, afectos, felicidad; y es justo hacerlo, pero entendiendo que Dios sabe sacar vida incluso de la muerte, que se puede experimentar la paz también en la enfermedad, que puede haber serenidad también en la soledad y felicidad también en el llanto. No somos nosotros los que podemos enseñar a Dios lo que debe hacer, decirle lo que necesitamos. Él lo sabe mejor que nosotros, y tenemos que confiar, porque sus caminos y sus pensamientos son muy diferentes a los nuestros.

El camino que Judit nos indica es el de la fe, de la espera pacífica, de la oración en la obediencia. Es el camino de la esperanza. Hacer todo lo que esté en nuestras posibilidades, pero siempre permaneciendo en el camino de la voluntad del Señor. Judit rezó, habló al pueblo y después, valiente, se fue, buscando el modo de acercarse al jefe del ejército enemigo. De alguna manera consiguió cortarle la cabeza, degollarlo. Fue valiente en la fe y en las obras. Y siempre buscó al Señor. Judit, de hecho, tenía su propio plan, que realizó con éxito y llevó al pueblo a la victoria. Pero siempre manteniéndose en la actitud de fe de quien acepta todo de las manos de Dios, segura de su bondad.

Así, una mujer llena de fe y de valentía da de nuevo fuerza a su pueblo en peligro mortal y lo conduce por los caminos de la esperanza, guiándonos también a nosotros. Y nosotros, cuántas veces hemos escuchado palabras sabias, valientes, de personas humildes, de mujeres humildes. Son palabras de la sabiduría de Dios. Cuántas veces las abuelas saben decir la palabra justa, la palabra de esperanza, porque tienen la experiencia de la vida, han sufrido mucho, se han encomendado a Dios y el Señor les da este don de llevar a otros a la esperanza. Y, yendo por esos caminos, será alegría y luz pascual encomendarse al Señor con las palabras de Jesús: "Padre, si quieres, aparta de mí esta copa; pero no se haga mi voluntad, sino la tuya" (Lc 22:42). Así, esta es la oración de la sabiduría, de la confianza y de la esperanza.

La esperanza cristiana es tener la certeza de que estoy en camino hacia algo que es, no hacia algo que yo quiero que sea.

—PAPA FRANCISCO

Capítulo IX

La esperanza cristiana es la espera de algo que ya se ha cumplido

*H*emos empezado nuestro recorrido sobre el tema de la esperanza desde las páginas del Antiguo Testamento. Ahora pasemos a echar luz sobre la extraordinaria importancia que esta virtud asume en el Nuevo Testamento, representada por la renovada esperanza de Jesucristo en el evento pascual.

Es lo que emerge claramente desde el primer texto que se escribió: la Primera Carta de san Pablo a los Tesalonicenses. En ella se percibe toda la frescura y la belleza del primer anuncio cristiano. La de Tesalónica era una comunidad joven, que a pesar de haber sido fundada

recientemente y de las dificultades y las muchas pruebas
por las que pasó, estaba enraizada en la fe y celebraba
con entusiasmo y alegría la resurrección del Señor Jesús.
El Apóstol entonces se alegra de corazón con todos, en
tanto que renacen en la Pascua se convierten realmente
en "hijos de la luz e hijos del día" (1 Tes 5:5), en virtud
de su plena comunión con Cristo.

Cuando Pablo escribe a la comunidad de Tesalónica han
pasado tan solo unos años de la Pascua de Cristo. Por eso,
el apóstol trata de hacer comprender a todos los efectos
y las consecuencias de este evento único y decisivo. En
concreto, la dificultad de la comunidad no era tanto
reconocer la Resurrección de Jesús como creer en la
resurrección de los muertos. En este sentido, la carta de
Pablo se revela más actual que nunca.

Cada vez que nos encontramos frente a nuestra muerte,
o la de un ser querido, sentimos que nuestra fe es puesta
a prueba. Surgen todas nuestras dudas, toda nuestra
fragilidad, y nos preguntamos: "¿Pero realmente habrá
vida después de la muerte? ¿Podré todavía ver y abrazar
a las personas que he amado?". Una señora me preguntó

hace unos días: "¿Me encontraré con los míos?". En el contexto actual, necesitamos volver a la raíz y a los fundamentos de nuestra fe para tomar conciencia de lo que Dios ha obrado por nosotros en Jesucristo y lo que nuestra muerte significa. Todos tenemos un poco de miedo ante esta incertidumbre de la muerte. Me viene a la memoria un hombre anciano que decía: "Yo no tengo miedo de la muerte. Tengo un poco de miedo de verla venir".

Pablo, frente a los temores y a las perplejidades de la comunidad, invita a tener firme en la cabeza como si fuera un casco, "la esperanza de la salvación", sobre todo en las pruebas y en los momentos más difíciles de nuestra vida. La esperanza es un casco. Esta es la esperanza cristiana.

Cuando se habla de esperanza, podemos ser llevados a entenderla según la acepción común del término, es decir, en referencia a algo bonito que deseamos pero que puede realizarse o no. Esperamos que suceda, es como un deseo. Se dice, por ejemplo: "¡Espero que mañana haga buen tiempo!", pero sabemos que al día siguiente puede hacer malo. La esperanza cristiana no es así. La esperanza cristiana es la espera de algo que ya se ha cumplido; la puerta está allí, y yo espero llegar a la puerta. ¿Qué tengo que hacer? ¡Caminar hacia la puerta! Tengo la seguridad de que puedo llegar a la puerta.

Así es la esperanza cristiana: tener la certeza de que estoy en camino hacia algo que es, no que yo quiero que sea. Esta es la esperanza cristiana. La esperanza cristiana es la espera de algo que ya ha sido cumplido y que realmente se realizará para cada uno de nosotros. También nuestra resurrección y la de los seres queridos difuntos, por tanto, no es algo que podrá suceder o no, sino que es una realidad cierta, pues está enraizada en el evento de la resurrección de Cristo. Esperar significa aprender a vivir en la espera y encontrar vida.

Cuando una mujer se da cuenta de que está embarazada, cada día aprende a vivir en la espera de ver la mirada de ese niño que vendrá. Así también nosotros tenemos que vivir y aprender de estas esperas humanas y vivir en la espera de mirar al Señor, de encontrarnos con el Señor. Esto no es fácil, pero se aprende: vivir en la esperanza.

Tener esperanza significa y requiere un corazón humilde, un corazón pobre. Solo los pobres saben esperar. Quien está ya lleno de sí y de sus bienes, no sabe poner la propia confianza en nadie más que en sí mismo.

Escribe san Pablo: "Jesucristo, que murió por nosotros, para que, velando o durmiendo, vivamos juntos con él" (1 Tes 5:10). Estas palabras son siempre motivo de gran consuelo y paz. También para las personas amadas que nos han dejado. Estamos llamados a rezar para que vivan en Cristo y estén en plena comunión con nosotros. Una cosa que me llega al corazón y me llena de una esperanza certera es una expresión de san Pablo, también dirigida a los Tesalonicenses. Dice así: "Permaneceremos con el Señor para siempre" (1 Tes 4:17). Esto es maravilloso: todo pasa, pero después de la muerte estaremos para siempre con el Señor. Es la certeza total de la esperanza, la misma que, mucho tiempo antes, hizo exclamar a Job: "Yo sé que mi Defensor está vivo [. . .] y con mi propia carne veré a Dios". (Job 19:25,27). Y así para siempre estaremos con el Señor. ¿Creéis esto? Os pregunto: ¿creéis esto?

Para tener un poco más de fuerza os invito a decirlo conmigo tres veces: "Permaneceremos con el Señor para siempre". Y allí, con el Señor, nos encontraremos. Que el Señor Jesús eduque nuestros corazones en la esperanza de la resurrección, para que aprendamos a vivir en la espera segura del encuentro definitivo con él y con todos nuestros seres queridos.

Nadie aprende a tener esperanza solo.

—PAPA FRANCISCO

Capítulo X

El Espíritu Santo es el signo vivo de la esperanza de Dios

an Pablo, en la primera Carta a los Tesalonicenses, exhorta a los fieles a permanecer radicados en la esperanza de la resurrección, con esa hermosa frase: "Permaneceremos con el Señor para siempre" (4:17). En el mismo contexto, el apóstol muestra que la esperanza cristiana no alcanza solo a la persona, al individuo, sino que su alcance llega a toda la comunidad, es eclesial. Todos esperamos; todos tenemos esperanza. También como comunidad tenemos esperanza.

Por esta razón, Pablo inmediatamente amplía el alcance de la mirada a todas las realidades que componen la comunidad cristiana, pidiéndoles que recen los unos por los otros y que se apoyen mutuamente. Ayudarnos mutuamente. Pero no solo ayudarnos ante las necesidades, en las muchas necesidades de la vida cotidiana, sino ayudarnos a tener esperanza, ayudarnos en la esperanza. Y no es casualidad que comience precisamente haciendo referencia a quienes han sido encomendadas la responsabilidad y la guía pastoral. Son los primeros en ser llamados a alimentar la esperanza, y no porque sean mejores que los demás, sino en virtud de un ministerio divino que va más allá de sus fuerzas. Por ese motivo, necesitan más que nunca el respeto, la comprensión y el apoyo benévolo de todos.

La atención se centra después en los hermanos que más riesgo corren de perder la esperanza, de caer en la desesperación. Siempre nos llegan noticias de gente que cae en la desesperación y hace cosas indebidas. La desesperación los lleva a muchas cosas malas. Es una referencia a quien ha sido desanimado, a quien es débil, a quien ha sido abatido por el peso de la vida y de las propias culpas y no consigue levantarse más.

En estos casos, la cercanía y el calor de toda la Iglesia deben hacerse todavía más intensos y cariñosos, y deben asumir la forma exquisita de la compasión, que no es tener lástima. La compasión es padecer con el otro, sufrir con el otro, acercarnos a quien sufre: una palabra, una caricia, pero que venga del corazón. Esto es la compasión para quien tiene necesidad de consolación. Esto es más importante que nunca: la esperanza cristiana no puede prescindir de la caridad genuina y concreta. El mismo Apóstol de las gentes, en la Carta a los Romanos, afirma con el corazón en la mano: "Nosotros, los fuertes —que tenemos la fe, la esperanza, o no tenemos muchas dificultades— debemos cargar con las flaquezas de los débiles, y no buscar nuestra satisfacción" (15:1). Cargar con las flaquezas de los otros. Este testimonio no permanecerá cerrado dentro de los confines de la comunidad cristiana: resuena con todo su vigor incluso fuera, en el contexto social y civil, como un llamamiento a no crear muros sino puentes, a no intercambiar el mal con el mal, a vencer al mal con el bien, la ofensa con el perdón. El cristiano nunca debe decir: ¡me la pagarás!, nunca; esto no es un gesto cristiano. La ofensa se vence con el perdón, viviendo en paz con todos. Esta es la Iglesia y esto es lo que obra la esperanza cristiana, cuando asume las líneas fuertes y al mismo tiempo tiernas del amor. El amor es fuerte y tierno. Es hermoso.

Se comprende entonces que no aprendemos a tener esperanza solos. Nadie aprende a esperar solo. Es imposible. La esperanza, para alimentarse, necesita un "cuerpo" en el cual los diferentes miembros se sostienen y se dan vida mutuamente. Esto quiere decir que, si tenemos esperanza, es porque muchos de nuestros hermanos y hermanas nos han enseñado a esperar y han mantenido viva nuestra esperanza. Y entre estos se distinguen los pequeños, los pobres, los sencillos, los marginados. Quien se cierra en el propio bienestar no conoce la esperanza; espera solo su bienestar. Y esto no es esperanza, es seguridad relativa. Quien se cierra en la propia gratificación, quien se siente siempre bien, no conoce la esperanza.

Quienes tienen esperanza son en cambio los que experimentan cada día retos, precariedad y el propio límite. Estos hermanos nuestros nos dan el testimonio más hermoso y más fuerte porque permanecen firmes en su confianza en el Señor, sabiendo que, más allá de la tristeza, de la opresión y de lo inevitable de la muerte, la última palabra será suya, y será una palabra de misericordia, de vida y de paz. Quien espera, espera oír un día esta frase: "Ven, ven a mí, hermano; ven, ven a mí, hermana, para toda la eternidad".

El hogar natural de la esperanza es un "cuerpo" solidario. En el caso de la esperanza cristiana este cuerpo es la Iglesia, mientras que el soplo vital, el alma de esta esperanza es el Espíritu Santo. Sin el Espíritu Santo no se puede tener esperanza. Por esta razón el apóstol Pablo nos invita a invocarle continuamente. Si no es fácil creer, mucho menos lo es tener esperanza. Es más difícil esperar que creer, es más difícil. Pero cuando el Espíritu Santo vive en nuestros corazones, es él quien nos hace entender que no debemos temer, que el Señor está cerca y cuida de nosotros. Y es el Espíritu Santo quien modela nuestras comunidades, en un perenne Pentecostés, como signos vivos de esperanza para la familia humana.

El fundamento de la esperanza cristiana es aquello de lo que podemos estar más fielmente seguros: el amor que Dios mismo siente por cada uno de nosotros.

—Papa Francisco

CAPÍTULO XI

La esperanza cristiana es sólida

esde que somos pequeños nos enseñan que presumir no es algo que se deba hacer. Y es justo, porque presumir de lo que se es o de lo que se tiene, además de una cierta soberbia, refleja también una falta de respeto hacia los otros, especialmente hacia aquellos que son más desafortunados que nosotros. En la Carta de Pablo a los Romanos, sin embargo, el apóstol Pablo nos sorprende, pues nos exhorta en dos ocasiones a presumir. Entonces, ¿de qué es justo presumir? Porque si él nos exhorta a presumir, de algo debe ser justo presumir. Y ¿cómo es posible hacer esto, sin ofender a los otros, sin excluir a nadie?

En el primer caso, somos invitados a presumir de la abundancia de la gracia de la que estamos impregnados en Jesucristo, por medio de la fe. Pablo quiere hacernos entender que, si aprendemos a leer cada cosa con la luz del Espíritu Santo, nos damos cuenta de que todo es gracia. Todo es un don. Si estamos atentos, de hecho, —en la historia, como en nuestra vida— no somos solo nosotros los que estamos obrando, sino que sobre todo está Dios. Él es el protagonista absoluto que crea cada cosa como un don de amor, que teje su diseño de salvación y que lo lleva a cumplimiento por nosotros, a través de su Hijo Jesús.

A nosotros se nos pide reconocer todo esto, acogerlo con gratitud y convertirlo en motivo de alabanza, de bendición y de gran alegría. Si lo hacemos, estamos en paz con Dios y experimentamos la libertad. Esta paz se extiende después a todos los ámbitos y a todas las relaciones de nuestra vida: estamos en paz con nosotros mismos, estamos en paz en familia, en nuestra comunidad, en el trabajo y con las personas que encontramos cada día en nuestro camino.

Pero Pablo nos exhorta a presumir también en las tribulaciones. Esto no es fácil de entender. Nos resulta más difícil y puede parecer que no tenga nada que ver con la condición de paz apenas descrita. Sin embargo, es su más auténtica, más verdadera premisa.

De hecho, la paz que nos ofrece y nos garantiza el Señor no se debe entender como la ausencia de preocupaciones, de desilusiones, de necesidades, de motivos de sufrimiento. Si fuera así, suponiendo que hubiéramos conseguido el estar en paz, ese momento terminaría pronto y caeríamos inevitablemente en el desconsuelo. La paz que surge de la fe es sin embargo un don: es la gracia de experimentar que Dios nos ama y que está siempre a nuestro lado, que no nos deja solos ni siquiera un momento de nuestra vida. Y esto, como afirma el apóstol, genera paciencia, porque sabemos que también en los momentos más duros e impactantes, la misericordia y la bondad del Señor son más grandes que cualquier cosa y nada nos separará de sus manos y de la comunión con él.

Por eso la esperanza cristiana es sólida, por eso no decepciona. Nunca decepciona. La esperanza no decepciona. No está fundada sobre aquello que nosotros podemos hacer o ser, ni tampoco sobre lo que nosotros podemos creer. El fundamento de la esperanza cristiana es aquello de lo que podemos estar más fielmente seguros: el amor que Dios mismo siente por cada uno de nosotros. Es fácil decir "Dios nos ama". Todos lo decimos. Pero pensemos un poco. ¿Somos capaces de decir: "Estoy seguro de que Dios me ama"? No es tan fácil decirlo, pero es verdad. Es un buen ejercicio decirse a uno mismo: "Dios me ama". Esta es la raíz de nuestra seguridad, la raíz de la esperanza.

Y el Señor ha derramado abundantemente en nuestros corazones al Espíritu —que es el amor de Dios— como artífice, como garante, precisamente para que pueda alimentar dentro de nosotros la fe y mantener viva esta esperanza y esta seguridad: Dios me ama. "¿Pero en este momento difícil?" —Dios me ama. "¿Y a mí, que he hecho esta cosa mala y cruel?"— Dios me ama. Esa seguridad no nos la quita nadie. Y debemos repetirlo como oración: Dios me ama. Estoy seguro de que Dios me ama. Estoy seguro de que Dios me ama.

Ahora comprendemos por qué el apóstol Pablo nos exhorta a presumir siempre de todo esto. Yo presumo del amor de Dios, porque me ama. La esperanza que se nos ha dado no nos separa de los otros, ni tampoco nos lleva a desacreditarlos o marginarlos. Se trata más bien de un don extraordinario del cual estamos llamados a hacernos "canales", con humildad y sencillez, para todos. Y entonces nuestro presumir más grande será el de tener como Padre a un Dios que no tiene preferencias, que no excluye a nadie, sino que abre su casa a todos los seres humanos, empezando por los últimos y los alejados, porque, como sus hijos, aprendemos a consolarnos y a apoyarnos los unos a los otros. Y no lo olvidemos: la esperanza no decepciona.

Hemos sido salvados por el Señor
y se nos permite contemplar
en nosotros y en aquello que nos circunda
los signos de la Resurrección, de la Pascua,
que obra una nueva creación.
Este es el contenido de nuestra esperanza.
—Papa Francisco

CAPÍTULO XII

El espíritu de nuestra esperanza

menudo nos tienta pensar que la creación es propiedad nuestra, una posesión que podemos aprovechar como nos plazca y de la cual no tenemos que rendir cuentas a nadie. Pero en su Carta a los Romanos, el apóstol Pablo nos recuerda que la creación es un don maravilloso que Dios ha puesto en nuestras manos, para que podamos relacionarnos con él y podamos reconocer la marca de su plan de amor, en cuya realización estamos todos llamados a colaborar, día tras día.

Cuando se deja llevar por el egoísmo, el ser humano puede terminar estropeando incluso las cosas más hermosas que nos han sido encomendadas. Esto ha ocurrido con la creación. Pensemos en el agua. El agua es una cosa bellísima y muy importante; el agua nos da la vida, nos ayuda en todo. Pero para explotar los minerales se contamina el agua, se ensucia y se destruye la creación. Este es solo un ejemplo. Hay muchos. Con la experiencia trágica del pecado, rota la comunión con Dios, hemos infringido la originaria comunión con todo aquello que nos rodea y hemos terminado por corromper la creación, haciéndola de esta manera esclava, sometida a nuestra miopía.

Y por desgracia, la consecuencia de todo esto está dramáticamente delante de nuestros ojos, cada día. Cuando se rompe la comunión con Dios, la humanidad pierde su propia belleza originaria y termina desfigurando todo lo que la rodea. Todo ahora lleva el signo triste y desolado del orgullo y de la voracidad humanas. El orgullo humano, explotando la creación, destruye.

Pero el Señor no nos deja solos y también ante este cuadro desolador nos ofrece una perspectiva nueva de liberación, de salvación universal. Es lo que Pablo evidencia con alegría, invitándonos a escuchar los gemidos de la creación entera. Si prestamos atención, efectivamente, a nuestro alrededor todo gime: la creación misma gime; gemimos nosotros los seres humanos y gime el Espíritu dentro de nosotros, en nuestro corazón.

Ahora, estos gemidos no son un lamento estéril, desconsolado, sino que, como precisa el apóstol, son los gritos de dolor de una parturienta. Son los gemidos de quien sufre, pero sabe que una vida nueva está por ver la luz. Y en nuestro caso es verdaderamente así. Estamos todavía afrontando las consecuencias de nuestro pecado y todo a nuestro alrededor lleva todavía el signo de nuestras fatigas, de nuestras faltas, de nuestra cerrazón. Pero al mismo tiempo sabemos que hemos sido salvados por el Señor y se nos permite contemplar y saborear en nosotros y en aquello que nos circunda los signos de la Resurrección, de la Pascua, que obra una nueva creación.

Este es el contenido de nuestra esperanza. El cristiano no vive fuera del mundo, sabe reconocer en la propia vida y en lo que lo circunda los signos del mal, del egoísmo y del pecado. Es solidario con quien sufre, con quien llora, con quien está marginado, con quien se siente desesperado... pero, al mismo tiempo, el cristiano ha aprendido a leer todo esto con los ojos de la Pascua, con los ojos del Cristo Resucitado. Y entonces sabe que estamos viviendo el tiempo de la espera, el tiempo de un anhelo que va más allá del presente, el tiempo del cumplimiento.

En la esperanza sabemos que el Señor desea sanar definitivamente con su misericordia los corazones heridos y humillados y todo lo que el hombre ha malogrado con su impiedad. De esta manera él regenera un mundo nuevo y una humanidad nueva, finalmente reconciliados en su amor.

Cuántas veces nosotros, los cristianos, estamos tentados por la desilusión, el pesimismo. A veces nos dejamos llevar por el lamento inútil, o permanecemos sin palabras y no sabemos ni siquiera qué cosa pedir, qué cosa esperar. Pero una vez más viene para ayudarnos el Espíritu Santo, aliento de nuestra esperanza, quien mantiene vivos el gemido y la esperanza de nuestro corazón. El Espíritu ve por nosotros más allá de las apariencias negativas del presente y nos revela ya desde ahora los cielos nuevos y la tierra nueva que el Señor está preparando para la humanidad.

La Cuaresma es el signo sacramental de
nuestro caminar de la esclavitud a la libertad,
que siempre debe ser renovado.
Es un camino exigente, como es justo que sea,
porque el amor es exigente,
pero un camino lleno de esperanza.

—PAPA FRANCISCO

CAPÍTULO XIII

La Cuaresma, un tiempo de esperanza

*E*l Miércoles de Ceniza da comienzo al tiempo litúrgico de la Cuaresma. Me gustaría presentar la Cuaresma como camino de esperanza.

En efecto, esta perspectiva se hace inmediatamente evidente si pensamos que la Cuaresma ha sido instituida en la Iglesia como un tiempo de preparación para la Pascua. Al hacerlo, todo el sentido de este periodo de cuarenta días es iluminado por el misterio pascual hacia el cual está orientado. Podemos imaginar al Señor resucitado que nos llama para salir de nuestras tinieblas, y nosotros nos ponemos en camino hacia él, que es la

Luz. La Cuaresma es un camino hacia Jesús resucitado, es un periodo de penitencia, incluso de mortificación, pero no un fin en sí mismo. Está dirigido a hacernos resucitar con Cristo, a renovar nuestra identidad bautismal, es decir, a renacer nuevamente "desde el espíritu", desde el amor de Dios. He aquí por qué la Cuaresma es, por su naturaleza, tiempo de esperanza.

Para comprender mejor qué significa esto, debemos referirnos a la esperanza fundamental del éxodo de los israelitas de Egipto, narrada en el libro de la Biblia al que da nombre: *Éxodo*. El punto de partida es la condición de esclavitud de Egipto, la opresión, los trabajos forzados. Pero el Señor no ha olvidado a su pueblo y su promesa: llama a Moisés, y con su fuerte brazo, hace salir a los israelitas de Egipto y los guía a través del desierto hacia la tierra de la libertad.

Durante este camino de la esclavitud a la libertad, el Señor da a los israelitas la ley, para enseñarlos a amarlo como único Señor, y a amarse entre ellos como hermanos. Las Escrituras nos muestran que el éxodo es largo y complicado: simbólicamente dura 40 años, que es el tiempo de vida de una generación. Una generación que, ante los retos del camino, siempre tiene la tentación de añorar Egipto y volver atrás. También todos nosotros conocemos la tentación de volver atrás, todos. Pero el Señor permanece fiel y esa pobre gente, guiada por Moisés, llega a la tierra prometida.

Todo este camino se recorre en la esperanza: la esperanza de alcanzar la Tierra. Y es precisamente en este sentido un "éxodo", un ir de la esclavitud a la libertad. Estos 40 días [de Cuaresma] son también para todos nosotros un dejar la esclavitud, el pecado, para experimentar la libertad del encuentro con el Cristo resucitado.

Cada paso, cada fatiga, cada reto, cada caída y cada nuevo comienzo, todo tiene sentido dentro del proyecto de salvación de Dios, que quiere para su pueblo la vida y no la muerte, la alegría y no el dolor.

El Misterio Pascual de Jesús es su éxodo, con el que él nos ha abierto la vía para alcanzar una vida plena, eterna y bendecida. Para abrir esta vía, este pasaje, Jesús ha tenido que desnudarse de su gloria, humillarse y hacerse obediente hasta la muerte, incluso a la muerte en la cruz.

Abrirse el camino hacia la vida eterna le ha costado toda su sangre, y gracias a él, nosotros estamos salvados de la esclavitud del pecado. Pero esto no quiere decir que él ya ha hecho todo y nosotros no tenemos que hacer nada, que él ha pasado a través de la cruz y nosotros "vayamos al paraíso en carroza". No es así. Nuestra salvación es ciertamente un don suyo, pero, ya que es una historia de amor, requiere nuestro "sí" y nuestra participación en su amor, como nos demuestra nuestra Madre María y después de ella todos los santos.

Esta es la dinámica de la Cuaresma: Cristo nos precede con su éxodo, y nosotros atravesamos el desierto gracias a él y detrás de él. Él es tentado por nosotros, y ha vencido al tentador por nosotros, pero también nosotros debemos afrontar con él las tentaciones y superarlas. Él nos dona el agua viva de su Espíritu y a nosotros nos toca aprovechar su fuente y beber, a través de los Sacramentos, de la oración, de la adoración. Él es la luz que vence las tinieblas, y a nosotros se nos pide alimentar la pequeña llama que nos ha sido encomendada el día de nuestro bautismo.

En este sentido, la Cuaresma es "signo sacramental de nuestra conversión" (*Misal Romano*, Oración colecta, I Domingo de Cuaresma). Quien hace el camino de la Cuaresma está siempre en el camino de la conversión. La Cuaresma es signo sacramental de nuestro caminar de la esclavitud a la libertad, que siempre hay que renovar. Es un camino exigente, como es justo que sea, porque el amor es exigente, pero un camino lleno de esperanza. Es más, diría algo más: el éxodo cuaresmal es el camino en el cual la esperanza misma se forma. La fatiga de atravesar el desierto —todos los retos, las tentaciones, las ilusiones, los espejismos—, todo esto vale para forjar una esperanza fuerte, sólida, sobre el modelo de la Virgen María, que en medio de las tinieblas de la Pasión y de la muerte de su Hijo siguió creyendo y esperando en su Resurrección, en la victoria del amor de Dios.

Con el corazón abierto a este horizonte, sintiéndonos parte del Pueblo santo de Dios, iniciemos con alegría este camino de esperanza.

Vivamos en la alegre esperanza de
corresponder a nuestros hermanos
con ese poco que podamos,
la abundancia que recibimos
de Dios cada día.

—PAPA FRANCISCO

Capítulo XIV

Con la alegría de la esperanza

Sabemos bien que el gran mandamiento que nos ha dejado el Señor Jesús es el de amar: amar a Dios con todo el corazón, con toda el alma y con toda la mente y amar al prójimo como a uno mismo. Es decir, estamos llamados al amor, a la caridad. Y esta es nuestra vocación más alta, nuestra vocación por excelencia; y a esta está unida también la alegría de la esperanza cristiana. Quien ama tiene la alegría de la esperanza, de llegar a encontrar el gran amor que es el Señor.

El apóstol Pablo, en su Carta a los Romanos, nos advierte: existe el riesgo de que nuestra caridad sea hipócrita, que nuestro amor sea hipócrita. Nos tenemos que preguntar entonces: ¿cuándo sucede esta hipocresía?

¿Y cómo podemos estar seguros de que nuestro amor es sincero, que nuestra caridad es auténtica?, que no fingimos hacer caridad o que nuestro amor no es solo para exhibirlo, sino un amor sincero, fuerte.

La hipocresía puede insinuarse en cualquier parte, también en nuestra forma de amar. Esto se verifica cuando el nuestro es un amor interesado, movido por intereses personales y cuando hacemos servicios caritativos para llamar la atención o para sentirnos satisfechos. Esto es hipocresía, al igual que cuando tendemos a cosas que tengan "visibilidad" para que los demás vean nuestra inteligencia o nuestras capacidades. Esta es una idea falsa, engañosa, como si la caridad fuera creación del hombre, un producto de nuestro corazón. La caridad, sin embargo, es sobre todo una gracia, un don; poder amar es un don de Dios, y debemos pedirlo. Y él lo da con gusto si lo pedimos. La caridad es una gracia: no consiste en hacer ver lo que somos, sino lo que el Señor nos dona y que nosotros libremente acogemos. No se puede expresar en el encuentro con los demás si antes no es generada en el encuentro con el manso y misericordioso rostro de Jesús.

Pablo nos invita a reconocer que somos pecadores y que también nuestra forma de amar está marcada por el pecado. Al mismo tiempo, sin embargo, nos hace portadores de un nuevo anuncio, un anuncio de esperanza: el Señor abre delante de nosotros un camino de liberación, un camino de salvación. Es la posibilidad de vivir también nosotros el gran mandamiento del amor, de convertirnos en instrumento de la caridad de Dios. Y esto sucede cuando dejamos que el Cristo resucitado sane y renueve nuestro corazón. El Señor resucitado que vive entre nosotros, que vive con nosotros, es capaz de sanar nuestro corazón: lo hace, si nosotros lo pedimos. Es él quien nos permite, aun en nuestra pequeñez y pobreza, experimentar la compasión del Padre y celebrar las maravillas de su amor. Y se entiende entonces que todo lo que podemos vivir y hacer por nuestros hermanos no es otra cosa que la respuesta a lo que Dios ha hecho y continúa haciendo por nosotros. Es más, es Dios mismo quien, habitando en nuestro corazón y en nuestra vida, continúa haciéndose cercano y sirviendo a todos aquellos que encontramos cada día en nuestro camino, empezando por los últimos y los más necesitados en los cuales él, en primer lugar, se reconoce.

Con estas palabras, el apóstol Pablo no quiere reprocharnos, sino animarnos y reavivar en nosotros la esperanza. Todos tenemos la experiencia de no vivir en plenitud o como deberíamos el mandamiento del amor. Pero también esta es una gracia, porque nos hace comprender que por nosotros mismos no somos capaces de amar verdaderamente, necesitamos que el Señor renueve continuamente este don en nuestro corazón, a través de la experiencia de su infinita misericordia. Será entonces cuando volveremos a apreciar las pequeñas cosas, las cosas sencillas, comunes.

Seremos capaces de amar a los demás como los ama Dios. Estaremos contentos por la posibilidad de acercarnos a quien es pobre y humilde, como Jesús hace con cada uno de nosotros cuando estamos lejos del él, de doblarnos ante los pies de los hermanos como él, Buen Samaritano, hace con cada uno de nosotros con su compasión y su perdón.

El apóstol Pablo nos recuerda el secreto para estar "con la alegría de la esperanza", porque sabemos que en toda circunstancia, también en la más adversa, y también a través de nuestros mismos fracasos, el amor de Dios nunca falla. Y entonces, con el corazón visitado y habitado por su gracia y su fidelidad, vivimos en la alegre esperanza de corresponder a los hermanos, con ese poco que podamos, la abundancia de lo que recibimos de Dios cada día.

Finalmente, en nuestro continuo caminar por la esperanza cristiana, reflexionemos sobre dos palabras que san Pablo utiliza: paciencia y consuelo. Pablo dice que ambas se encuentran en el mensaje de las Escrituras, pero aún más, que el nuestro es un Dios de la paciencia y el consuelo. En la vida cristiana, somos llamados a llevar la esperanza al mundo apoyándonos y animándonos unos a otros. Que siempre vivamos en armonía con los demás, en consonancia con Jesucristo, y que lo hagamos con la fuerza que nos provee el Señor, quien es nuestra infalible fuente de esperanza, por siempre y para siempre.

Fuentes

Capítulo 1: El consuelo de la esperanza
Audiencia general del 7 de diciembre de 2016 (www.vatican.va)

Capítulo 2: Motivos para la esperanza
Audiencia general del 14 de diciembre de 2016 (www.vatican.va)

Capítulo 3: La esperanza es un camino
Audiencia general del 21 de diciembre de 2016 (www.vatican.va)

Capítulo 4: Firme en la esperanza contra toda esperanza
Audiencia general del 28 de diciembre de 2016 (www.vatican.va)

Capítulo 5: Lágrimas de esperanza
Audiencia general del 4 de enero de 2017 (www.vatican.va)

Capítulo 6: La realidad de la esperanza
Audiencia general del 11 de enero de 2017 (www.vatican.va)

Capítulo 7: Oración y esperanza
Audiencia general del 18 de enero de 2017 (www.vatican.va)

Capítulo 8: El lenguaje de la esperanza
Audiencia general del 25 de enero de 2017 (www.vatican.va)

**Capítulo 9: La esperanza cristiana es la espera de algo que ya se
ha cumplido**
Audiencia general del 1 de febrero de 2017 (www.vatican.va)

**Capítulo 10: El Espíritu Santo es el signo vivo de la esperanza
de Dios**
Audiencia general del 8 de febrero de 2017 (www.vatican.va)

Capítulo 11: La esperanza cristiana es sólida

Audiencia general del 15 de febrero de 2017 (www.vatican.va)

Capítulo 12: El espíritu de nuestra esperanza

Audiencia general del 22 de febrero de 2017 (www.vatican.va)

Capítulo 13: Cuaresma, un tiempo de esperanza

Audiencia general del 1 de marzo de 2017 (www.vatican.va)

Capítulo 14: Con la alegría de la esperanza

Audiencia general del 15 de marzo de 2017 (www.vatican.va)

Otros títulos del **Papa Francisco**

Querido Papa Francisco
El Papa responde a las cartas de niños de todo el mundo

PAPA FRANCISCO

Tapa dura | 4435-3 | $18.95

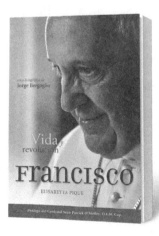

El Papa Francisco: Vida y revolución

ELISABETTA PIQUÉ

Rústica | 4215-1 | $16.95

Otros títulos en español

La aventura ignaciana
Cómo vivir los Ejercicios Espirituales de san Ignacio de Loyola en el día a día

KEVIN O'BRIEN, SJ

Rústica | 4520-6 | $14.95

Desafío
Un programa de reflexión diaria basado en los Ejercicios Espirituales de san Ignacio de Loyola

MARK LINK, SJ

Rústica | 3300-5 | $9.95

Jesús de Galilea
Un Dios de increíbles sorpresas

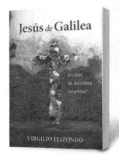

VIRGILIO ELIZONDO

Rústica | 2577-2 | $13.95

Para hacer sus pedidos

llame al **800.621.1008** o visite **loyolapress.com/store**

LOYOLAPRESS.
UN MINISTERIO JESUITA
A JESUIT MINISTRY

Otros títulos en español

Una oración sencilla que cambia la vida
Descubriendo el poder del Examen Diario de san Ignacio de Loyola

JIM MANNEY

Rústica | 4389-9 | $9.95

¿Qué es la espiritualidad ignaciana?

DAVID FLEMING, SJ

Rústica | 3883-3 | $12.95

Redescubrir el examen ignaciano
Diferentes maneras de rezar partiendo de tu día

MARK E. THIBODEAUX, SJ

Rústica | 4512-1 | $12.95

Para hacer sus pedidos
llame al **800.621.1008** o visite **loyolapress.com/store**

LOYOLA PRESS.
UN MINISTERIO JESUITA
A JESUIT MINISTRY